NOTES

ET

DOCUMENTS

D'HISTOIRE GÉVAUDANAISE

PAR

Jean ROUCAUTE

———

MENDE
IMPRIMERIE TYPOGRAPHIQUE A. PRIVAT
—
1899

I

La répartition des tailles

EN

GÉVAUDAN

au début du XVII° siècle

I

Dans son excellent livre sur « les Etats de Langue-doc et l'Edit de Béziers » (1), M. P. Gachon a signalé aux érudits un important document qui parait avoir échappé aux auteurs de la réédition de l'œuvre de Dom Vaissète, et dont le titre général est « Estat du « domaine et des propriétés taillables en 1625 d'après « le Registre du Taillon ». (2)

---

(1) P. Gachon. — Les Etats de Languedoc et l'Edit de Béziers, 1632. — Paris. Hachette et Cie, 1887. p. 2, note 2.

(2) Arch. de l'Hérault. Série C. Comptes du Trésorier de la Bourse, année 1628. Le manuscrit [registre] papier, 0ᵐ25 sur 0ᵐ35, non inventorié, comprend 114 pages.

Notre savant maître a très heureusement prouvé que la date 1625, attribuée à cet « Etat » sur le registre qui le contient, est fausse. Avec lui, nous pensons qu'il appartient aux années 1631, 1632 ou 1633, sans qu'il soit possible d'atteindre à une plus grande précision.

Ce document comprend une liste de toutes les communautés réparties entre les vingt-deux diocèses du pays de Languedoc, « avec le tariffe et pesage de ce « que chascun lieu porte tous les ans de la totalité de « l'imposition du Taillon (1) sur le pied de 282,600 livres », et l'indication des seigneurs dont elles relèvent respectivement. On peut ainsi connaître les communautés taillables, qui, au début du XVII⁰ siècle, constituaient le domaine du Roi, des seigneurs ecclésiastiques et laïques en Languedoc, — et le tarif d'après lequel était taxée chacune des petites circonscriptions financières du Pays. Le même tarif de répartition entre les diocèses, et dans chaque diocèse entre les communautés, s'appliquait, en effet, à toutes les impositions « rurales » ou roturières, aide, octroi, crue, « préciput de l'équivalent » (2). C'est dire

---

(1) Le taillon est un supplément de l'ancienne taille destiné à l'entretien des gendarmes du Roi, des compagnies d'ordonnance et des officiers de la Maréchaussée.

(2) Connaissant (A) le chiffre du taillon levé sur toute la Province, (B) le tarif de répartition entre les 22 diocèses, te qu'il est rigoureusement appliqué depuis 1530 (Albisson. Lois municipales...tome V,p. 809. — Dognon. Les institutions politiques et administratives du Pays de Languedoc. Toulouse, 1895, Edit. Privat, p. 637), et (C) le chiffre du taillon fixé pour chaque communauté, — il est aisé de trouver (X) le tarif d'après lequel

la valeur de ce Registre. Souhaitons qu'une édition intégrale en soit bientôt publiée.

II

Notre intention est d'indiquer quel parti les érudits pourront tirer de ce document en étudiant les quelques pages relatives au diocèse de Mende et pays de Gévaudan.

Ce diocèse comprenait 176 communautés (1) ou circonscriptions financières, et 194 paroisses. En comparant « l'Estat du Domaine et des propriétés taillables... », extrait des Archives de l'Hérault, à « l'Estat

---

se fait dans chaque diocèse la répartition des tailles entre les circonscriptions financières. $X = \dfrac{A}{B \times C}$

Exemple : Quelle est la part des impositions rurales fournies par Marvejols (diocèse de Mende) ?

A l'époque où fut rédigé « l'Estat du Domaine... », le Languedoc payait 282,600 livres pour le taillon. (Estat du Domaine' page 1). Le diocèse de Mende est taxé à $\dfrac{5335}{100,000}$ soit au dix-huitième et demi de l'imposition totale. (Albisson. op. cit. t. V. p. 808). — Marvejols, paye 476 livres de taillon. (Estat du Domaine, p. 1). On a : $X = \dfrac{282,600}{18,5 \times 476} = 32$

Marvejols fournit le 1/32 des impositions rurales levées sur le Pays de Gévaudan.

(1) « Estat du Domaine et des propriétés taillables », pp. 107 à 114. En 1384, il y avait en Gévaudan 169 communautés. (Ménard. — Histoire de Nimes t. III, p. 85).

des paroisses du diocèse de Mende » (1), transcrit dans le tome XVIIe du Fonds Languedoc de la Bibliothèque Nationale, on constate que les 176 communautés du Gévaudan se répartissent en quatre catégories :

1° 13 communautés comprennent 28 paroisses groupées par deux ou par trois.

2° 14 communautés géminées ne forment que 7 paroisses.

3° 148 communautés (c'est-à-dire la très grande majorité) coïncident avec un nombre égal de paroisses (2). En Gévaudan, non seulement le diocèse ecclésiastique (ce qui est rare en Languedoc), se confond avec le diocèse civil, mais les subdivisions de l'un et de l'autre sont, pour la plupart, identiques. La circonscription civile est l'héritière de la circonscription ecclésiastique ; la filiation est ici très sensible.

---

(1) « Estat des paroisses du diocèse de Mende et des lieux dont chaque paroisse est composée ». — Bibl. nat. Ms. Fonds Languedoc, t. XVII, f°s 97 à 108, inédit.

(2) Il en est dix dont les chefs-lieux diffèrent :

Chefs-lieux de communauté	Chefs-lieux de paroisse
Béasses-Canourgue.	Molezon.
Beauregard.	Fau-de-Peyre.
Cénaret.	Barjac.
Chapieu.	Lanuéjols.
Belvezet.	Chasseradès.
Le Chayla-Dance.	St-Paul-le-Froid.
La Garde-Guérin.	Prévenchères.
Dolan.	St-Préjet-du-Tarn.
Meyrone.	Ventuejols.
Montbrun.	Quézac.

4° La quatrième catégorie comprend une seule communauté intitulée « Terre épiscopale », formée de 11 paroisses entières et des « démembrements » de 32 autres paroisses (1). Mais elle n'est pas toute la propriété de l'Evêché qui possède en outre 26 paroisses, 24 communautés (2). Parmi ces 26 paroisses, il en est 12 (3) dont une partie est à la « Terre épiscopale » proprement dite. Total : 25 communautés, 37 paroisses et parcelles de 20 autres paroisses, soit le quart environ du Pays de Gévaudan, — voilà le « Domaine propre » de l'Evêque de Mende au début du XVIIe siècle.

Seul le domaine gévaudanais du duc d'Uzès, possesseur de la majeure partie de l'ancienne baronnie de Mercœur, approche, par le nombre des communautés (non par leur importance), de celui du Prélat : 28 communautés comprenant 30 paroisses.

---

(1) Les 32 paroisses. dont des parcelles seulement appartiennent à la Terre épiscopale, sont celles de Noalhac, Chauchailles, Albaret-le-Comtal, Palhers (Rochevalier), La Chapelle, Cénaret, Les Salelles, Montjézieu, Montrodat, Montvaillant, Sainte-Croix, Le Pompidou, St-Laurent-de-Trèves (Nosières), Montbrun, Les Caires, Ribennes, St-Gal, Rieutort, Les Laubies, St-Denis, Serverette, Fontans, Estables, St-Amans, Grandrieu, Crosances, Le Chayla-Dance, Arzenc-de-Randon, Le Born, La Rouvière, Ste-Colombe, St-Laurent-de-Veyrès.

(2) Voir, plus loin, pp. 15 16 et 17.

(3) Les 12 paroisses dont une partie est à la communauté intitulée « Terre épiscopale », et l'autre, quoique appartenant aussi à l'Evêque, est cependant rattachée à une communauté distincte, sont : Chauchailles, les Salelles, le Pompidou, St-Laurent-de-Trèves, Ribennes, St-Gal, Les Laubies, Serverette, Fontans, St-Amans, Grandrieu, Le Born.

Parmi les « huit barons de tour » (1), les plus riches propriétaires de terres roturières sont :

M. de Polignac, baron de Châteauneuf-Randon (16 communautés, 18 paroisses) ;

Le comte de Peyre (15 communautés, 17 paroisses) ;

Le baron du Tournel (10 communautés, 11 paroisses) ;

Le comte d'Apcher (5 communautés, 5 paroisses) ;

Le marquis de Canillac (4 communautés, 6 paroisses) ;

M. de Mercœur (3 communautés, 3 paroisses).

Parmi les nobles ordinaires, ayant cependant droit d'entrée aux Etats du Pays, on remarque :

Monsieur d'Arpajon (10 communautés, 10 paroisses) ;

Monsieur de Morangiès (3 communautés, 3 paroisses), etc.

Enfin, parmi les nobles n'assistant pas à l'assemblée diocésaine, sauf le comte d'Alais (2), dont le domaine est, à vrai dire, extérieur au Gévaudan, et M. de Mallesaigne, (3) il en est 21 qui ne possèdent qu'une seule communauté-paroisse.

La grande noblesse a donc conservé ses importants domaines. Membres de familles anciennes, les

---

(1) C'est-à-dire, les huit barons qui, à tour de rôle, siègen aux Etats Généraux de Languedoc.

(2) Le comte d'Alais ne possède en Gévaudan que 2 communautés-paroisses.

(3) Le domaine rural de M. de Mallesaigne comprend 2 communautés-paroisses.

Canillac, les Tournel, les Peyre, les Apcher ont pu, dans ces régions d'accès difficile, défendre leurs terres contre la puissance rivale, la Royauté, tandis que, dans la plaine languedocienne, les principales maisons, ruinées par la guerre des Albigeois, affaiblies par le morcellement de leurs biens fonciers, se sont insensiblement éteintes.

Comparées aux domaines si étendus de l'Evêque et des principaux seigneurs de la région, qu'étaient d'ailleurs les possessions de la Couronne ? Quatre communautés-paroisses (1), dont une, La Canourgue, tenue en paréage avec le marquis de Canillac. L'aliénation du Domaine royal a même commencé dans le diocèse de Mende : Grèzes a été cédée au Prélat. Grèzes, c'est-à-dire le chef-lieu de la vicomté de Gévaudan, dont l'acquisition définitive par la Couronne, en 1258, avait permis aux Capétiens d'intervenir dans le Pays, non plus en leur qualité de suzerains des évêques-comtes qui, en la personne d'Odilon de Mercœur, leur avaient prêté « brièvement » l'hommage simple (2), mais à titre de propriétaires fonciers ainsi engagés dans la féodalité gévaudanaise !

___

(1) Marvejols, Chirac, Antrénas, La Canourgue.

(2) Les premières relations du Prélat de Mende et des Capétiens datent de la Bulle d'Or (1161). — « [Episcopus] celeriter Evangelio tacto fidelitatem fecit ». — Teulet. Layettes du Trésor des Chartes, tome I, p. 84.

III

Si le « Domaine propre » du Roi tend à disparaître par aliénations ou engagements, la multiplication des offices et le perfectionnement des procédés administratifs et financiers de la monarchie moderne lui ont permis, il est vrai, de faire sentir son action jusqu'en Gévaudan, l'une des parties les plus reculées du Royaume. Il est bien loin le temps où le Roi n'était guère influent que dans les régions où s'étendaient ses propriétés ! Et cependant, même au point de vue administratif et financier, le Gévaudan ne se confond pas absolument avec les nombreux pays dont la juxtaposition a formé la communauté de Languedoc définitivement constituée au XVe siècle.

« [A cette époque], a récemment écrit l'auteur d'une
« belle et forte Etude sur les Institutions de la France
« méridionale (1), la société languedocienne est en-
« core féodale et pourtant moderne par certains traits
« qui lui prêtent une physionomie originale : le do-
« maine royal est si étendu, si grande la puissance
« des villes et des bourgeois, l'état des biens et des
« personnes est si favorable au Tiers, qu'entre le
« peuple et le Roi, la noblesse et le clergé paraissent
« des quantités politiquement négligeables ». Très juste pour la plupart des pays languedociens, cette observation ne saurait s'appliquer au diocèse de Mende. Au début du XVIIe siècle, la Société, en Gévaudan, est encore plus féodale que moderne :

---

(1) P. Dognon. Op. cit. p. 194.

domaine royal très réduit, quelques rares consulats, aucun centre urbain important. Aussi la bourgeoisie, en tant que corps privilégié, joue-t-elle un rôle effacé, tandis que la grande féodalité conserve ses anciens et vastes domaines, et que l'évêché, déjà si riche, accroît même ses propriétés par l'acquisition des terres royales aliénées.

Dans l'organisation de la Société gévaudanaise, le Clergé occupe la première place, et cela a été de tout temps, au XVIIe siècle, comme au XIVe ou au XVe.

La preuve en est fournie par le document que nous publions. Quand la Royauté, au XVe siècle (1), régularisa en la fixant l'organisation financière du Pays de Languedoc, divisé en 22 diocèses civils, le domaine épiscopal fut gratifié de faveurs réelles.

En 1632, les 11 paroisses entières et les parties détachées de 32 autres paroisses forment une seule circonscription financière intitulée « Terre épiscopale » et subdivisée en deux articles : 1° « La Mande épiscopale » avec Mende, de beaucoup la plus importante des paroisses du Gévaudan; et Badaroux ; — 2° « La Terre épiscopale foraine », comprenant tout le reste de l'ancienne Terre épiscopale.

Nous disons « ancienne », car, depuis le règne de Charles VII, le domaine du prélat s'est accru d'acquisitions nouvelles, (24 communautés), qui sont toujours restées soumises au tarif général.

La communauté unique intitulée « Terre épisco-

---

(1) Notamment sous le règne de Charles VII.

pale » a un Receveur particulier (1) qui rend ses comptes à celui du diocèse. Elle paye le quinziéme (2) des impositions roturières levées sur tout le diocèse de Mende. Mais les tailles ne sont pas réparties sur toutes les paroisses d'après un tarif uniforme. Il convient de tenir compte de l'importance des localités qui composent la Terre épiscopale et les 175 communautés du Gévaudan, et dont peuvent témoigner, à défaut d'autres éléments d'appréciation, les chiffres de population. Le « Dictionnaire des lieux habités du département de la Lozère » par P. Vincent, quoique datant de 1879, permet cependant de jeter quelques clartés sur cette question délicate. Le nombre des habitants a peu varié en Gévaudan depuis deux siècles. Un recensement de 1700 porte 146,667 personnes (3), un autre, datant de 1791, 146,673 (4) — celui de 1879, 137,363 (5). Les pertes éprouvées, lors de la création du département de la Lozère, par la cession à celui de la Haute-Loire, de Saugues et des localités voisines, ont été

---

(1) J. Roucaute. — Documents pour servir à l'histoire du Pays de Gévaudan au temps de la Ligue. — Paris, A. Picard, édit. 1894, p. 66.

(2) Le diocèse de Mende doit fournir la 18ᵉ partie 1/2 des 282,600 livres de taillon imposées sur tout le Pays de Languedoc, soit 15,000 livres. La « Terre épiscopale », taxée à 1010 livres, paye donc le 1/15ᵉ des impositions rurales levées en Gévaudan.

(3) « Dénombrement des habitants de la province de Languedoc, vers 1700 » — Bibl. nat. Ms. Fonds Languedoc, t. I, topographie, supplément, — inédit.

(4) J. Bouret. « Dictionnaire géographique de la Lozère ». — Mende. Boyer, édit. 1852, p. LXV.

(5) P. Vincent. « Dictionnaire des Lieux habités du département de la Lozère ». — Mende. C. Privat, édit. 1879.

compensées par l'acquisition de Villefort et de Meyrueis. D'après « l'Estat des paroisses », le diocèse de Mende comprenait 194 circonscriptions religieuses ; aujourd'hui il est formé de 196 communes qui, pour la plupart, leur correspondent. Depuis le XVIIe siècle, la proportion des habitants ne s'est sans doute pas modifiée sensiblement, car le Gévaudan est un pays exclusivement agricole, où l'industrie (1), toute rurale, n'exige aucune agglomération urbaine importante.

Or le chiffre total de la population des 11 communes correspondant aux 11 paroisses de la « Terre épiscopale » était, en 1879, de 14,404, soit environ le dixième des habitants du département de la Lozère. Les Gévaudanais soumis à la taille royale auraient payé environ une fois et demie plus d'impôts que ceux de la Communauté épiscopale. La proportion était certainement beaucoup plus forte ; car, non seulement la Terre épiscopale comprend, en outre, des parcelles de 32 autres paroisses (ce qui, tout en allégeant la part des habitants des 11 paroisses, grève d'autant celles des communautés ordinaires), mais les 4 localités de Badaroux, Mende, Balsièges et Chanac, assises sur les rives du Lot, appartiennent à la région la plus fertile du Gévaudan.

Au XVIIIe siècle, l'Intendant Balainvilliers déclarera même incidemment que la proportion entre les tailles épiscopale et royale « est assez générale-

____

(1) La seule industrie gévaudanaise était celle des serges et cadis, étoffes grossières que le paysan tissait chez lui pendant les jours de mauvais temps et les longues veillées d'hiver.

« ment de 1 à 5, de sorte qu'un bien fonds assujetti
« à la taille royale paye à peu près cinq fois plus
« qu'un pareil bien fonds contribuable à la taille
« épiscopale ». (1) Si telle était la proportion vers la
fin de l'ancien Régime, à *fortiori* était-elle aussi celle
de 1632. Funeste conséquence du Paréage, qui se re-
tournait ainsi contre la grande majorité de la population gévaudanaise ; car, en vertu du principe langue-
docien de la solidarité des fonds taillables, elle devait
même fournir les sommes dont un privilége excessif
avait exonéré la Terre épiscopale.

Depuis longtemps, toutes les tailles, royales et
épiscopales, sont payées au Roi seul ; mais celles-ci
ont été réparties suivant un tarif très modéré, afin de
ménager les droits seigneuriaux du Prélat qui ve-
naient en concurrence avec ceux de la Couronne.

Ainsi se vérifie, dans le diocèse de Mende, l'asser-
tion de M. Taine (2), relative aux rapports des Capétiens avec la grande féodalité : « Dans l'Evêque... le
« Roi a respecté le propriétaire en renversant le
« rival, mais, dans le propriétaire subsistant, cent
« traits indiquent encore le souverain amoindri ».
Jusqu'à la chute de l'ancien Régime, cette quasi
souveraineté primitive du Prélat de Mende se survit
à elle-même aussi bien dans l'état administratif et
financier du Gévaudan que dans son organisation
judiciaire (3).

----

(1) Bull. de la Soc. Languedocienne de Géographie, tome X,
p. 137.

(2) Taine. « L'ancien Régime ». p. 21.

(3) Sur l'organisation judiciaire du Gévaudan, Cf. l'Introduc-
tion à nos « Lettres inédites de Philippe-le-Bel ». Mende 1897.
pp. VII-XI.

Liste des Communautés du Diocèse de Mende

GROUPÉES PAR SEIGNEURIES

1632

NOMS des PROPRIÉTAIRES (d'après l'Estat du domaine...) 1	CHEFS-LIEUX de COMMUNAUTÉ (d'après l'Estat du domaine...)	CHEFS-LIEUX de PAROISSE (d'après l'Estat des paroisses...) 2	PART de TAILLON 5 (d'après l'Estat du domaine...)
A	Antrenas.....	Antrenas ..(3).	34ᵗ 18ˢ 2ᵈ
Le Roi.......	Chirac.........	Chirac....... St-Bonnet lès Chirac.....	192 5 0
	Marvejols.....	Marvejols.....	476 2 0
Le Roi et le marquis de Canillac.	La Canourgue.	La Canourgue.	217 12 10
B			
Les Ecclésiastiques.			
M. le Cardinal.	La Ville-Dieu.	La Ville-Dieu.	27 4 0
	La Panouse...	La Panouse...	68 6 3
L'archevêque de Bourges.....	Nasbinals.....	Nasbinals.....	75 18 3
Monsieur de Mende, comte de Gévaudan.	La « Terre épiscopale »(6) proprement dite :	11 paroisses et parties de 32 paroisses :	[1.010 0 0]

1 Cf. plus haut, p. 2, note 3.

2 « Estat des paroisses du Diocèse de Mende » Cf., plus haut, p. 6, note 1.

3 La paroisse d'Antrenas formait deux communautés : Antrenas, au Roi, et Larcis, à M. d'Apcher

4 Cette communauté-paroisse est tenue en paréage par le Roi et le marquis de Canillac.

5 Cf. plus haut, p. 7, notes 1 et 3.

6 « L'Estat du Domaine..... » mentionne seulement la « Terre épiscopale », mais n'indique ni les paroisses, ni les parcelles de paroisses dont elle se compose,

[1° La Mande épiscopale...	Mende.
	Badaroux..(1).
	Balsièges.
	St Martin-de-Lansuscle.
	La Champ-Quintignac.
2° La Terre épiscopale foraine	Fournels.
	Ste-Eulalie.
	Esclanèdes.
	Chanac.
	St-Chély-du-T.
	Cheylard-l'évêque.] (2)

---

ni la part de Taillon qui lui revient. Voici comment nous avons procédé pour combler cette triple lacune.

Le manuscrit C. 1321 inédit des archives départementales de la Lozère intitulé « Estat des sommes payées par les paroisses composant la « Terre épiscopale fo-foraine » du diocèse de Mende pour l'aide et octroi accordé à Sa Majesté en « 1567 » nous a fourni les noms de 41 paroisses, Par la comparaison avec la liste des communautés et des paroisses de tout le Diocèse que nous avions déjà dressée, nous avons pu relever les noms de 9 paroisses qui appartiennent entièrement à la Terre épiscopale et ceux des 32 paroisses dont des « démembrements » font seuls partie de cette vaste communauté. Enfin, sur ces 32 parcelles de paroisses, 12 sont à des communautés épiscopales soumises au tarif général et 20 a des communautés appartenant à d'autres seigneurs, laïques ou ecclésiastiques.

Quant aux 1010 livres de taillon dues par la « Terre épiscopale », une série d'opérations ont été nécessaires pour arriver a en fixer le chiffre avec précision.

Le Pays de Languedoc paye, en 1632, 282.600 livres de taillon. D'après le tarif de 1530, religieusement respecté comme un dogme administratif jusqu'à la Révolution pour la répartition de toutes les tailles ou impositions roturières (Albisson, op. cit., p. 807) le diocèse de Mende doit payer, pour 100.000 livres d'impôts levées sur toute la Province, 5.335 livres, soit environ le dix-huitième st demi. La part de taillon que fournit le Gévaudan est donc : $\dfrac{5.335 \times 282.600}{100.000} = 15.076$ livres. Additionnons les sommes auxquelles sont imposées les 175 communaués ordinaires du Diocèse et soustrayons le nombre ainsi trouvé (14.066 l., de 15.076 ; nous avons ainsi les 1010 livres de taillon fournies par la « Terre épiscopale ».

1   La « Terre épiscopale foraine » comprend aussi les parcelles de 32 autres paroisses, déjà énumérées. plus haut, p. 7, note 1.

2   D'après le manuscrit inédit des archives municipales de Mende CC. 31 (année 1593) Badaroux paye le 1/16 des impositions de la ville de Mende, en vertu d'une ancienne transaction qui date du 24 juillet 1477 (Arch. Lozère FF. 13 inédit).

	Béasses — Canourgue....	Molezon......	57ᵐ 19ˢ 0ᵈ		
	Le Born-Saint-Martin.....	Le Born......	19	13	5
	Chauchailles..	Chauchailles..	57	7	2
	Fontans......	Fontans......	77	3	0
	Fontanes.....	Fontanes.....	52	8	0
	Grandrieu....	Grandrieu	147	0	0
	Grêzes.......	Grêzes.......	75	19	6
	Salses lesHermaux......	Les Hermaux. / Salses........	89	2	10
	Hures........	Hures.	111	13	4
	Les Laubies...	Les Laubies..	71	14	4
	Prades-Castelbouc.......	Prades-du-Tarn	77	6	5
	Ribennes.....	Ribennes.....	91	18	9
Monsieur de Mende......	St-Amans	St-Amans.....	30	9	4
	Saint-Flour-de-Pompidou ..	Saint-Flour-de-Pompidou ..	100	16	8
	St-Gal........	St-Gal........	35	2	0
	St-Hilaire-de-Lavit.......	St-Hilaire-de-Lavit.......	28	0	0
	St-Jean-de-Gabriac....(1).	St-Jean-de-Gabriac.......	53	6	0
	St-Laurent-de-Trèves	St-Laurent-de-Trèves......	36	6	1
	St-Martin-de-Bobeaux....	St-Martin-de-Bobeaux....	117	18	3
	St-Martin-de-Cancelade ..	St-Martin-de-Cancelade..	54	3	5
	St-Saturnin...	St Saturnin...	33	13	3
	Ste-Enimie ...	Ste Enimie....	206	13	10
	Les Salelles..	Les Salelles... / Le Villard....	34	8	4
	Serverette	Serverette....	120	15	6
Le Chapitre de Mende......	Chastel-Nouvel	Chastel-Nouvel	59	17	0
	La Rouvière ..	La Rouvière..	43	17	6

1 Voir plus loin, p. 23, note 1.

			l.	s.	d.
L'Archidiacre de Mende...	Banassac.....	Banassac.....	115	13	6
Le Dom d'Aubrac.......	Clerguemort..	St-Andéol-de-Clerguemort	38	6	9
	St-André-de-Lancize.....	St-André-de-Lancize.....	55	3	1
Le Prieur de Langogne..	Langogne.....	Langogne.....	208	15	7
Le Prieur de Chambon..	Le Chambon..	N.-D.-de-Valfrancesque (1)	39	5	0
	La Melouze...	La Melouze...	16	1	1
	St-Germain-de-Calberte....	St-Germain-de-Calberte....	84	16	0
Le Commandeu' de Malte...	Palhers......	Palhers......	14	15	4
	Pierrefiche....	Pierrefiche....	41	17	0
Le Command' de Gapfrancès .	St-Sauveur-de-Ginestoux...	St-Sauveur-de-Ginestoux...	50	7	7
Le Prieur du Bousquet...	St-Frézal-de-Ventalon....	St-Frézal-de-Ventalon ...	68	3	9
L'Abbé de la Chaise-Dieu.	Chaulhac.....	Chaulhac.....	33	4	0
Le Prieur d'Ispagnac.....	Ispagnac......	Ispagnac......	206	2	0
La Trinité de Mende......	St-Frézal-d'Albuges	St-Frézal-d'Albuges	38	11	0
Les Jésuites de Rodez....	Le Monastier..	Le Monastier..	34	9	4
Le Prieur de Vebron.....	Vebron......	Vebron....... / Fraissinet-de-Fourques...	125	4	0

C

Les Nobles

			l.	s.	d.
Le Comte d'Alais........	Le Bousquet..	Le Bousquet-la-Barthe......	18	9	0
	St-Romans-de-Tusques....	N.-D.-de-Valfrancesque (2)	131	2	2

1 A cette même paroisse appartenaient les deux communautés du Chambon et de St-Romans-de-Tusques.

2 Cf. la note précédente.

			l.	s.	d.
Monsieur de Mercœur ..	Le Malzieu....	Le Malzieu....	239	18	3
	St - Léger - du - Malzieu.....	St - Léger - du - Malzieu.....	69	7	0
	Saugues......	Saugues..(1)..	281	5	3
Le duc d'Uzès	Albaret-le-Comtal.........	Albaret-le Comtal.........	80	6	7
	Albaret-Ste-Marie	Albaret-Ste-Marie	65	0	4
	Arcomie......	Arcomie......	44	1	0
	Arzenc - d'Apcher........	Arzenc - d'Apcher........	37	9	10
	Le Bacon.....	Le Bacon.....	20	7	0
	Bellegarde....	St -Privat - de - Vallongue ..	74	6	9
	La Bessière...	La Bessière-Ste-Marie.......	48	15	6
	Les Bessons..	Les Bessons ..	66	7	10
	Blavignac.....	Blavignac:....	70	16	4
	Brion.........	Brion.........	47	19	0
	Chauchailles ..	Chauchailles ..	60	17	1
	Clauses-Grèzes	Clauses-Grèzes	98	17	4
	La Fage-St-Julien........	La Fage-St-Julien........	61	15	0
	Grandvals	Grandvals	49	3	7
	Julianges.....	Julianges....·.	39	16	9
	Monistrol.....	Monistrol·d'Allier..........	69	5	3
	Montalleyrac..	Montalleyrac..	38	3	3
	Noalhac	Noalhac	47	12	10
	Paulhac	Paulhac	20	15	6
	Les Plantats..	Saugues. (2)..	37	8	5
	Recoules......	Recoules......	48	18	6
	St-Michel-de-Dèze	St-Michel-de-Dèze .... Le Collet-de Dèze	39	6	8

---

1 La paroisse de Saugues formait deux communautés : Saugues et les Plantats.
2 Cf. la note précédente.

Le duc d'Uzès	St-Priva t-du - Fau	St-Privat-du- Fau	64ᵘ	2ˢ	0ᵈ
	Termes.......	Termes.......	54	15	0
	Thoras-Vazeil- les	Thoras .... Vazeilles......	82	1	4
	Verdezun.....	Verdezun.....	16	3	10
	Verdun-St Pré - jet.........	St-Préjet-d'Al- lier........	67	4	2
	Vereyrolles ...	Vereyrolles ...	5	6	2
Le comte d'Ap- cher........	Apcher.......	Prunières. (1).	16	0	0
	La Fage-Mon- tivernoux...	La Fage-Mon- tivernoux...	96	15	3
	Larcis........	Antrenas..(2)..	16	11	3
	Prunières.....	Prunières.....	23	17	1
	St-Chély-d'Ap- cher........	St-Chély-d'Ap- cher........	209	6	0
Le Comte de Peyre	Aumont	Aumont	93	14	2
	Beauregard...	Fau-de-Peyre..	96	12	5
	La Chaze.....	La Chaze.....	40	4	6
	Génébrié - Bal- dassé.......	Gabrias.......	57	8	7
	Javols	Javols	68	3	9
	........(3) ..	....	37	11	8
	Marchastel....	Marchastel....	33	8	3
	Muret.......	St-Laurent-le- Muret........ Le Buisson ...	70	5	0
	Prinsuéjols..	Prinsuéjols ... Malbouzon....	74	0	0
	Rimeyses.....	Rimeyses.....	70	11	9
	St-Laurent-de- Veyrès	St-Laurent-de- Veyrès	20	0	5
	St - Pierre - le - Vieux......	St - Pierre - le - Vieux.......	78	13	4

1 A la paroisse de Prunières appartiennent les deux communautés de Prunières et d'Apcher.

2 Cf. plus haut, p. 15, note 3.

3 Nom illisible.

	St-Sauveur-de-Peyre	St-Sauveur-de-Peyre	49^{ll}	9^{s}	0^{d}
	Ste-Colombe-de-Peyre	Ste-Colombe-de-Peyre	60	15	1
	Servières	Servières	90	7	8
M. de Gibertès, baron de Cénaret.	Cénaret	Barjac	67	11	2
	Montrodat	Montrodat	56	8	8
	Allenc	Allenc	173	9	0
	Bagnols	Bagnols	19	14	1
	Le Bleymard	Le Bleymard	77	13	9
	Brenous	Brenous	78	3	9
	Chadenet	Chadenet	71	1	8
	Chapieu	Lanuéjols	83	12	4
Le Baron du Tournel.	Cubières	Cubières / Cubiérettes	103	15	3
	St-Etienne-du-Valdonnez	St-Etienne-du-Valdonnez	188	12	9
	St-Julien-du-Tournel	St-Julien-du-Tournel	154	18	2
	Ste-Hélène	Ste-Hélène	19	11	7
	Altier	Altier	121	7	0
	Arzenc-près-Châteauneuf	Arzenc-près-Châteauneuf	92	1	9
	Belvezet	Chasseradès	148	17	6
M. de Polignac baron de Châteauneuf-Randon	Chambon-St-Symphorien	Chambon-St-Symphorien	150	17	1
	Châteaun.-Randon	Châteauneuf	51	10	1
	Luc	Luc	171	17	6
	Montauroux	Laval-Montauroux (1)	55	9	10

---

1 La paroisse de Laval—Montauroux comprenait les deux communautés de Montauroux et de Laval.

M. de Polignac baron de Châteauneuf-Randon....	LaMagdeleine-Planchamp-St-Jean-Cha-zorne......	St Jean-Cha-zorne......	73ᴸ 19ˢ 10ᵈ
	Naussac......	Naussac......	50 18 6
	Puylaurens...	Puylaurens...	14 10 2
	Rocles.......	Rocles........	48 14 6
	St-Bonnet-de-Montauroux.	St-Bonnet-de-Montauroux.	59 8 7
	St-Christophle.	St-Christophle.	81 3 3
	St-Denis......	St-Denis......	92 15 3
	St-Four-de-Mer-coire.......	St-Flour-de-Mer-coire.......	46 17 6
	St-Jean-la-Fouil-louse.......	S-Jean-la-Fouil-louse.......	110 6 6
	SᵗᵉColombe-de-Montauroux.	SᵗᵉColombe-de-Montauroux	31 3 10
Le marquis de Canilllac....	Canillac......	Canillac......	38 8 0
	Mouriès......	Pin-Moriès.....	79 10 3
	Nogaret et son mandement	St Germain-du-Teil........ St-Pierre-de-Nogaret..... Trélans.......	209 3 8
Le baron de Florac.....	Florac.......	Florac.......	182 10 0
M. du Roure.	Bédouès......	Bédouès......	19 17 4
	Cocurès......	Cocurès......	19 17 8
	Falguières....	St-Jean-de-Ga-briac ..(1)..	76 6 7
	Grizac-Fraisi-sinet......	Grizac........ Fraissinet-de-Lozère...... Frutgères.....	171 10 11

---

1 Les deux chefs-lieux de communautés, Falguières et St—Jean-de-Gabriac, appartenaient à la paroisse de St—Jean-de-Gabriac.

M. du Ronre...	Le Chayla Dance.........	St-Paul-le-Froid	67ᴸ	11ˢ	1ᵈ
	La Garde-Guérin...........	Prévenchères .	186	6	9
	St-Alban......	St-Alban	215	4	6
M. de Barre...	Barre	Barre.........	63	10	1
-	La Capelle....	La Capelle. ..	58	18	1
	Cubelles......	Cubelles......	59	16	0
	Dolan	St - Préjet - du-Tarn	60	13	1
	Laval-du-Tarn.	Laval-du-Tarn.	74	1	10
	Le Recoux....	Le Recoux....	71	19	0
M. d'Arpajon.	Le Rozier.....	Le Rozier.....	26	9	0
	St-Georges-de-Lévejac	St-Georges-de-Lévejac.....	139	14	4
	St - Pierre-des-Tripiers	St - Pierre-des-Tripiers.....	79	1	0
	St - Roman-de-Dolan	St - Roman-de-Dolan	53	7	0
	Inos..........	Inos..........	73	8	9
M. de Malle-saigne	Estables......	Estables de Randon.........	79	11	0
	Randon-Roche-belot........	Rieutort-Roche-belot	147	8	11
M. de Balmes	Balmes - près - Barre......,..	Balmes - près - Barre.. (1)..	91	18	0
M. de Cabanis	St-Vénérand ..	St-Vénérand ..	25	6	0
M. de Condren	Auroux.......	Auroux.......	134	5	4
M. d'Entrai-gues........	St - Léger - de-Peyre	St - Léger - de-Peyre	91	5	11
M. d'Espin-chal	St - Julien-des - Points	St - Julien-des - Points.,....	19	2	0

1 Cette paroisse comprenait les deux communautés de Balmes près Barre et des Rousses.

			l.t.	s.	d.
M. de Juges...	Cassagnas...	Cassagnas.... St-Julien-d'Ar-paon	170	18	0
M. de la Favre.	Chastanier....	Chastanier....	56	17	0
M. du Mas	Cultures......	Cultures......	34	17	4
M. de Meyrone.	Meyrone......	Ventuéjols	88	5	0
M. de Montesquieu	La Maléne....	La Maléne....	57	1	4
M. de Miral...	Les Bondons..	Les Bondons..	106	15	8
M. de Montialoux	Montialoux....	St-Bauzile	17	4	1
M. de Montjézieu........	Montjézieu....	Salmon-Mont-jézieu.......	79	10	3
M. de Montvaillant	Montvaillant..	Prunet-Mont-vaillant.....	26	12	7
M. des Rousses	Les Rousses(1)	Balmes prés Barre........	28	8	6
M. de St Etienne	St-Etienne-de-Valfrancesque	St-Etienne-de-Valfrancesque	237	10	8
M. de St-Point.	Laval	Laval-Montauroux....(2)..	102	9	8
M. de Ste-Croix.	Ste-Croix-de-Valfrancesque	Ste-Croix-de-Valfrancesque	56	13	8
M. de Vareilles.	Montbrun.....	Quézac	175	9	3
M. du Viadon.	La Parade	La Parade	66	7	0

TOTAL .... **176 communautés 194 paroisses**... **16.076** l.t.

---

1 Cf., plns haut, p. 93, note 1.

2 Cf., plus haut, p. 21, note 1.

3 Parmi ces 194 paroisses, il en est 7 dont chacune forme deux communautés : Antrenas, Notre-Dame-de-Valfrancesque, Saugues, Prunières, Laval-Montauroux, St-Jean-de-Gabriac, Balmes près Barre.

II

Note sur les Lettres de Philippe-le-Bel extraites du Registre G. 864 des Archives départementales de la Lozère.

I

Le Manuscrit G. 864 (1) des Archives départementales de la Lozère est l'un des plus précieux de ce riche dépôt. Il contient les copies de nombreux mandements de Philippe-le-Bel, de Louis-le-Hutin et de Philippe-le-Long relatifs au Pays de Gévaudan.

L'origine de ce Registre est obscure ; d'après les caractères de la graphie, il appartient à la première moitié du XIVe siècle. Il a probablement été rédigé sous le règne de Charles IV. L'absence de lettres de ce Roi s'ajoutant aux données paléographiques autorise cette hypothèse.

La plupart de ces actes étant adressés aux officiers de la Sénéchaussée de Beaucaire, le scribe anonyme du palais épiscopal les a très probablement transcrits sur des vidimus insérés dans les lettres de ces derniers à leurs subordonnés en Gévaudan, et conservés dans les Archives de l'Evêché de Mende. Ces vidimus, dont nous avons retrouvé un assez grand nombre, sont généralement datés, (à un ou deux ans près), de la même époque que les originaux.

Ce recueil, d'une écriture uniforme, est l'œuvre de quelque clerc ignorant, à en juger par les fautes multi-

---

(1) Arch. dép. Lozère — Série G. 864. — Registre, papier, in-4°.

ples dont il est émaillé, mais qui, le plus souvent, n'en compromettent pas gravement le sens exact. Encore s'il était possible, même à ce prix, de le déchiffrer en entier ! Mais il présente aussi de regrettables lacunes. Plusieurs feuilles ont été déchirées en partie ; l'humidité et la moisissure en ont rendu quelques autres, (rares, il est vrai), absolument illisibles.

Nous avons pu cependant, grâce à la précieuse collaboration de M. Marc Saché, archiviste paléographe, extraire de ce Recueil soixante-douze lettres de Philippe-le-Bel et les insérer dans le Bulletin de la Société d'Agriculture, Sciences et Arts du département de la Lozère (1).

II

Le règne de Philippe-le-Bel eut sur l'organisation du Gévaudan une influence décisive. Le Paréage de 1307 (2), en fixant définitivement les droits respectifs de la Couronnne et de l'Evêché dans l'ancien diocèse de Mende, dota cette région historique d'une physionomie vraiment originale dont elle conserva les principaux traits jusqu'à la Révolution.

____

(1) Bulletin de la Société d'agriculture, sciences et arts du département de la Lozère, année 1896.

(2) Cf. le Paréage, Bull. Soc. Agr. Lozére, année 1896, partie historique pp. 174 sqq.

Les « Lettres de Philippe-le-Bel relatives au Gé-
vaudan(1) » ne doivent donc pas être séparées de cet
acte important dont elles sont, pour la plupart, le
commentaire.

Les Lettres antérieures à 1307 témoignent des faveurs
accordées par le Roi au Prélat de Mende. S'agit-il de
la levée des subsides exigés pour la guerre de Flandre,
le Roi se défend d'avoir voulu porter atteinte aux privilèges et libertés de l'Evêché (2). Les roturiers jouis-
sant de biens nobles sont-ils tenus de satisfaire aux
exigences fiscales, les ecclésiastiques gévaudanais, qui
n'ont pu s'acquitter envers la Couronne, sont remis en
possession de leurs biens déjà saisis et libérés de
toutes taxes jusqu'à la réception de nouveaux ordres(3).
— L'évêque se déclare-t-il lésé par les « avertisse-
ments » royaux, Philippe-le-Bel ordonne au Sénéchal
de Beaucaire de se montrer favorable à sa requête, etc.
etc. Ce qui donne à ces déclarations toute leur valeur,
c'est qu'elles sont parallèles au grave procès engagé,
dès l'année 1269, entre l'Evêché et la Sénéchaussée
de Beaucaire (4), et dont elles laissent pressentir la
solution prochaine et définitive de 1307.

Les lettres postérieures au Paréage sont relatives,

-----

(1) Ces mandements de Philippe-le-Bel sont adressés au Sénéchal de Baucaire et de Nîmes, à son Lieutenant, le Juge-Mage,
au Bayle royal de Marvejols, au Bailli de la Cour Commune de
Gévaudan, à Guillaume de Plaisians, commissaire royal, etc. etc.

(2) Arch. dép. Lozère. G. 864. f 47 v°.

(3) Ibid. f 64 v°.

(4) Consulter sur ce point, Arch. dép. Lozère, G. 730 inédit.

les unes au respect des clauses de ce contrat (1), les
autres à l'opposition que lui firent les nobles du Pays,.
les autres ei.fin aux Enquêtes (2) sur les domaines de
l'Evêché et du Roi en Gévaudan. Ces dernières sont,
pour la plupart, écrites à Guillaume de Plaisians, spécialement chargé par Philippe-le-Bel de veiller à
l'exécution du Paréage. Leur étude permet de se ren-
dre compte des procédés administratifs de Philippe-
le-Bel, auteur de plusieurs « Associations » du
même genre avec les Seigneurs ecclésiastiques de la
France centrale, notamment les Evêques du Quercy, du
Velay (3) et du Vivarais (4), pays voisins ou limitrophes
du Gévandan.

Quelques lettres isolées se rapportent à l'insurrec-
tion de Béraud de Mercœur, aux Juifs, aux Templiers,
à la perception des subsides pour la guerre de Flandre.

Tous ces documents étaient inédits, à l'exception de
deux ou trois pièces, véritables circulaires, envoyées,
le même jour, à tous les Sénéchaux et Baillis ou à
tous les Prélats du Royaume, et dont on a conservé
des expéditions adressées à d'autres qu'à l'Evêque de
Mende ou au Sénéchal de Beaucaire (5).

(1) Arch. dép. Lozère, G. 864. fᵒˢ 67 vᵒ, — 38 rᵒ et vᵒ, — 54
v·, — 68 vᵒ et 69 rᵒ — 37 vᵉ et 38 rᵒ — etc.

(2) Ibid. fᵒˢ 38 rᵒ et vᵒ, et 39 rᵒ — 40 vᵒ — 41 vᵉ et rᵒ — etc.

(3) Septembre 1307, Trésor des Chartes, JJ. 54, nᵒˢ 10 et 20,
Cf. Dom Vaissète, Hist. Lang. édit. Privat, t. ix, pp. 305 et 306.

(4) Janvier 1308, Arch. nat. J. 342 ; — Hist. Lang. ibid. pp.
287 et 288.

(5) C'est à la bienveillance de notre savant maître, M. Ch. V.
Langlois, que nous devons cette précieuse constatation.

On sait que M. Ch. V. Langlois, chargé de Cours à la Faculté
des Lettres de l'Université de Paris, prépare actuellement le
Catalogue général des Actes de Philippe-le-Bel.

III

Ces lettres permettent de fixer, avec quelque précision, l'attitude de Philippe-le-Bel a l'égard de l'un des plus hauts représentants du Clergé.

Le Roi prend sous sa protection le Prélat, les droits de ses juridictions temporelle et spirituelle, ses revenus, sa personne même, gravement menacés par les audacieuses entreprises des nobles du Pays, du Sénéchal, du Juge-Mage, des Enquêteurs, des Viguiers ou bayles d'Alais, Anduze, Meyrueis, Marvéjols et Uzès ; — il refrène le zèle de ces agents et leur interdit formellement tout empiètement sur les privilèges de l'Eglise de Mende, à peine de sévéres « punitions ». Le 6 août 1309, Philippe-le-Bel écrit au Sénéchal lui même : « ..... *si contra compositionem predictam (1) presumpseritis attemptari in prejudicium Episcopi supradicti, ipsum Episcopum super hoc dedampnificari* et vos puniri, *prout rationabile fuerit, faciemus* » (2).

Sans doute, les prétentions excessives de ces officiers paraissent, de prime abord, favorables aux progrès de la Royauté dans la France centrale ; mais il eût été

---

(1) C'est-à dire le Paréage de 1307.
(2) Arch. dép. Lozère. G. 864. f° 67 v°.

imprudent de ne pas limiter leur action, à une époque
où la lutte contre la Papauté, le Procès des Templiers (1), la nécessité d'accroître ses ressources financières pour suffire à la guerre étrangère (2) et assurer le perfectionnement de l'administration, impo-
saient à Philippe-le-Bel le respect des privilèges de
l'un des prélats les plus influents du Royaume.

Cette influence, Guillaume II Durant la doit peut-être
autant à son ascendant personnel qu'à sa puissance
temporelle. Successeur (3) et neveu du célèbre Speculator, il fait preuve, pendant tout le règne de Philippe-
le-Bel, d'une grande activité. Il est l'un des deux seuls
prélats qui assistent au Concile de la vaste province
de Bourges, convoqué pour consentir à la levée des
décimes accordées en 1304 par Benoit XI au Roi, et
destinées à faciliter la frappe de la monnaie sur le pied
de celle de Saint-Louis (4). Il est aussi l'auteur du
De modo generalis concilii celebrandi (5), composé
à l'occasion du Concile de Vienne, sous l'inspiration
de Clément V. N'est-ce pas lui enfin qui, avec l'arche-

-----

(1) Arch. dép. Lozère, G. 864 f° 56 v.

(2)   Ibid.   f° 55 r° et v°, — 47 v°, — 63 r°,
— 65 r° et v°, 66 r° et v° etc.

(3) Guillaume II Durant succéda à son oncle Guillaume I,
en 1296.

(4) Arch. nat. J. 1025, n° 4.

(5) Le titre complet de ce Traité est le suivant : « Tractatus
de modo generalis Concilii celebrandi per Guillelmum Duran-
dum, Episcop. Mimat. jussu Clementi V summi Pontif. edit., et
Concilio viennensi oblatus. — Parisiis ap. Franciscum Clousier,
Bibliopolam, 1671 ».

vêque de Narbonne, les évêques de Bayeux et de Limoges, est spécialement désigné pour recueillir les documents propres à éclairer les membres de ce Concile, où sera prononcée la sentence générale (1) et définitive sur l'ordre du Temple? D'ailleurs, mal lui en prit : car le Roi lui-même dut l'autoriser à se faire escorter dans tout le Royaume par des gens armés, destinés à protéger sa personne contre les ennemis que lui avaient suscités non seulement la défense des droits de l'Evêché de Mende, mais aussi l'enquête contre l'ordre du Temple tout entier, « *contra totum Ordinem Templi* » (2). — Il lui était d'autant plus aisé d'affirmer et de soutenir personnellement ses privilèges en présence de Philippe-le-Bel (3) qu'il avait fait de son prieuré d'Argenteuil sa résidence favorite.

Cette attitude en vers la Royauté était de tradition dans cette famille de prélats. Au sujet du Speculator, Philippe-le-Bel n'écrivait-il pas, le 18 octobre 1291 (4),

---

(1) Ch. V. Langlois : Le Procès des Templiers. — Rev. des Deux Mondes, t. ciii. (15 janvier 1891), p. 404.

(2) Arch. dép. Lozère. G. 864. f° 56 r°.

(3) En 1297, le chapitre cathédral de Mende prit la décision suivante : un subside de soixante ssus tournois fournis par les ecclésiastiques du diocèse et la moitié des revenus des bénéfices, la première année de leur vacance, seront annuellement accordés à l'Evêque Guillaume II Durant pendant *son séjour à Paris où il est retenu pour la conservation et défense des droits et privilèges de son Eglise* ». Arch. dép. Lozère. G. 33, inédit.

(4) On ne voit Guillaume I Durant à Mende avec certitude que le 14 juillet 1291. (V. Leclerc. Hist. Littéraire, t. XX, p. 421). Il y séjourne jusqu'en 1295. (Ibid. p. 422).

au Sénéchal de Beaucaire : « *Cum dilectus et fidelis noster Episcopus Mimatensis se quamplurimum offerat ad servitium et honorem nostrum et ad nostra negotia, quotiens ipse per vos vel gentes nostras inde fuerit requisitus, (1)..... »* ?

Toutefois, la personne de Guillaume II Durant et la mémoire de son illustre prédécesseur mises à part, Philippe-le-Bel pouvait s'estimer satisfait du Paréage qui favorisait son intervention dans une région isolée, où l'influence royale, toujours contrariée par la prépondérance exclusive de l'Evêque (possesseur, sinon de la plus riche, du moins de la plus vaste des seigneuries ecclésiastiques du Royaume)(2), avait été presque nulle aux XII⁰ et XIII⁰ siècles. Les fiefs et arrière-fiefs de la mouvance royale (3) étaient moins importants que ceux de la mouvance épiscopale (4)   Dès maintenant ils sont tous confondus et déclarés communs à l'Evêché et à la Couronne. Une « Cour commune du Bailliage de Gévaudan (5) », instituée et entretenue par le Roi et le Prélat, connaîtra, à l'avenir, des causes intéressant cette « Terre Commune ». C'est donc la Royauté qui a le plus gagné à l'association de 1307.

Quant à l'Evêque, il fut assez heureux d'assurer à ce prix la pacification de son diocèse rendue impos-

---

(1) Arch. dép. Lozère. G. 771.

(2) Cf. Longnon : Atlas historique de la France-Pl. XIII.

(3) Consulter le « Feuda Gabalorum » (Arch. dép. Lozère, G. 757, Registre inédit), pp. 85 à 205.

(4) Ibid. pp. 205 à 262.

(5) Cf. le Paréage de 1307.

sible par la turbulence de ses redoutables vassaux.
Mais il obtint aussi de Philippe-le-Bel la confirmation
solennelle de sa grande puissance temporelle, li-
mitée, il est vrai, dans la terre commune par les
droits égaux de la Couronne, mais assurée et fortifiée
dans ses vastes domaines, autrement importants que
ceux du Roi et des principaux Barons du Pays : arme
précieuse dont les Prélats de Mende, la plupart très
influents, useront volontiers pour s'opposer, souvent
avec succès, aux empiètements des officiers royaux.
D'ailleurs l'isolement de leur grand diocèse monta-
gnard leur assurera, même dans la terre commune,
une influence prépondérante, surtout lorsqu'ils se
décideront à résider dans leur Palais de Mende ou
leur château de Chanac (1).

C'est évidemment aux dépens des nobles qu'a été
signé le Paréage. Rudes seigneurs, issus des plus
vieilles familles féodales du Royaume, les Mercœur,
les Apcher, les Cénaret, les Canillac, les Peyre, les
Châteauneuf, les Tournel, tous feudataires de l'Evêché, s'élevèrent contre cette extension de l'autorité
royale (2). Ils sentaient bien qu'elle allait contenir leur
turbulence envahissante dans une contrée difficile-
ment accessible, où l'impunité était absolue et l'indé-

---

(1) Tels, à la fin du XVIe siècle, Adam de Heurtelou (Cf.
nos Documents pour servir à l'Histoire du Pays de Gévaudan
au temps de la Ligue. — op. citat.), — et, au début du XVIIe,
Mgr de Marcillac.

(2) Sur l'opposition des nobles Gévaudanais au Paréage,
Cf. : Arch. dép. Lozère, G. 872, Registre (latin), 82 feuil-
lets — inédit.

pendance presque complète. Les viguiers ou bayles royaux de Marvejols, Uzès, Meyrueis, Anduze et Alais, appartenant pour la plupart à la région, leur montraient jadis (1) autrement d'indulgence que ne le faisait maintenant un Bailli de Gévaudan, cet étranger, ce Jacques de Plaisians (2), frère de l'un des plus énergiques défenseurs du droit royal, de celui-là même qui était venu jusqu'à Marvejols leur imposer la prestation du serment de fidélité au Paréage.

Cette façon d'alliance établie entre les deux puissances suprêmes provoqua, de la part des hauts barons comme des petits seigneurs du Gévaudan, des protestations plusieurs fois renouvelées. Ils tentèrent de démontrer au Roi qu'il avait été joué par l'Evêque, qui avait fondé ses prétentions sur des droits dont il avait singulièrement exagéré l'étendue. Ils osèrent même se déclarer les égaux des prélats, eux qui prêtaient entre leurs mains l'hommage-lige (3). L'Evêque ré-

---

(1) Avant que le Paréage annulât complètement l'action de ces officiers royaux dans la « Terre Commune », Philippe-le-Bel avait déjà déclaré, en 1291, que l'Evêque de Mende et ses gens ne répondraient plus, à l'avenir, du temporel de l'évêché devant eux, mais seulement en présence du Sénéchal de Beaucaire. (Arch. dép. Lozère. G. 771).

(2) Arch. dép. Lozère. G. 751, inédit.

(3) Consulter aux Arch. dép. de la Lozère, entre autres recueils, une « Copie des hommage rendus aux Evêques de Mende « par les comtes de Rodez, les barons de Mercœur, de Cénaret, « de Canillac, de Peyre, du Tournel, de Châteauneuf, d'Apcher, « de Florac (c'est-à-dire les futurs huit barons de tour de Gé- « vaudan aux Etats généraux de Languedoc), — les seigneurs « de Montferrand, de Montrodat, etc... » — Arch. dép. Lozère, G. 147, inédit.

pondit aux trente-deux articles dressés par les Barons contre le Paréage en affirmant que cet accord ne lésait ni les droits de la Couronne, ni ceux des seigneurs, — ce qui était légalement vrai. Mais, quoiqu'ils prétendissent le contraire, il s'agissait beaucoup plus pour les nobles d'une question de fait que d'une question de droit. Leur liberté jusqu'alors à peu près entière allait désormais subir la contrainte du pouvoir royal agrandi. Cet important procès se prolongea jusqu'en 1341. A cette date, Philippe VI de Valois reconnut solennellement à l'Evèque tous les privilèges consacrés par le Paréage et ordonna même au Sénéchal de Beaucaire et au Juge-mage de réparer les torts qu'ils pourraient lui avoir causés à l'instigation des Barons du Pays. Tous les actes contraires à la teneur dudit contrat furent annulés et le Paréage resta la charte constitutive du Gévaudan aux temps modernes. Des lettres patentes délivrées sous chaque règne, et dont les Archives de la Lozère possèdent soit les originaux, soit les vidimus, de 1334 à 1720 inclusivement, le maintinrent en vigueur jusqu'en 1789.

Ainsi s'expliquent les fréquentes défenses faites par Philippe-le-Bel à ses agents d'empiéter sur les droits et prérogatives de l'Evèché de Mende : politique toute conforme à l'intérèt bien entendu de la Couronne en Gévaudan au début du XIVe siècle.

La récente publication des « Lettres de Philippe-le-Bel relatives au Pays de Gévaudan » a donc sa place à côté de celles de MM. Baudoin et de Flamare contenant, la première, les « Lettres de Philippe-le-Bel conservées aux Archives de la Haute-Garonne et de Toulouse » (1), la seconde, « quelques actes de Philippe-le-Bel concernant le Nivernais, extraits des Archives de la Nièvre » (2). Des recueils de cette nature rendront enfin possible la préparation d'une Etude complète sur l'Administration de la France au temps de Philippe-le-Bel.

---

(1) A. Baudoin, « Lettres inédites de Philippe-le-Bel ». — Paris — 1887, in-8·

(2) H. de Flamare, « quelques actes de Philippe-le-Bel concernant le Nivernais », (tome II des Mémoires de la Société Académique du Nivernais).

On trouve aussi dans le « Grand Gautier de l'Evêché de Poitiers » (publication de la Société des Archives du Poitou), de nombreuses lettres de Philippe-le-Bel.